L5 57
1504

L5 57
1504

LA LIQUIDATION
DE LA
DETTE DE GUERRE

PAR

A. STIÉVENART

SOUS-PRÉFET D'AVESNES

Prix : **50** cent.

EN VENTE :

A LILLE
Chez QUARRÉ, libraire

A PARIS
Chez DENTU, galerie d'Orléans

A AVESNES
Chez ELIET-LACROIX, libraire

A M. Achille TESTELIN

Ancien Député du Nord à l'Assemblée législative,
Ancien Préfet du Nord,
Ancien Commissaire général de la Défense nationale.

HOMMAGE AFFECTUEUX

INTRODUCTION

Nous n'avons d'autre but en publiant les pages qui suivent que d'émettre dans les circonstances douloureuses et difficiles que nous traversons, quelques idées utiles et pratiques.

La France est malheureuse ; la situation est non moins périlleuse aujourd'hui que durant la guerre. Le spectre financier nous menace. S'il n'est vaincu, tout est à craindre, tout est danger.

Pour résoudre le problème immense de payer à la Prusse cinq milliards, de se procurer deux autres milliards pour solder les dépenses arriérées de la guerre et rétablir les travaux publics, il est d'absolue nécessité que chacun dans la limite de sa fortune apporte son concours aux emprunts, fasse abnégation de ses sympathies personnelles et se rallie franchement, résolûment, à une République honnête et énergique. Elle seule peut nous sauver d'une guerre civile et d'une ruine complète ; elle seule nous permettra de nous relever. Sur le terrain de la forme républicaine, il ne doit y avoir d'autres dissidents que les ambitieux incorrigibles ne songeant qu'à la satisfaction de leurs convoitises, ou que les fauteurs de désordres espérant pêcher en eau trouble, dût la France y succomber ou s'obérer encore. Méfions-nous des agitateurs : la main de la Prusse, qui redoute de nous voir sortir triomphants de la crise actuelle et voudrait nous diviser pour nous perdre, sera derrière eux. Tantôt ils emprunteront le masque de la monarchie, tantôt celui d'un radicalisme exalté, et toujours ils chercheront à jeter l'indécision dans les esprits et à exciter des mécontentements.

Déjouons ces calculs et ces espérances par l'union de tous les honnêtes gens. Que l'ordre matériel sans lequel toute solution financière, tout travail, tout régime quelconque sont impossibles, soit résolument maintenu. Avec une ligne de conduite aussi habile, aussi nationale, l'étranger, les ambitieux et les anarchistes en seront pour leurs manœuvres, et l'avenir pourra être envisagé avec confiance. Alors, mais alors seulement nos finances se reconstitueront, l'activité renaîtra et les améliorations économiques que nous signalons plus loin, pourront être entreprises et menées à bonne fin.

Les indemnités et dépenses de guerre.

L'indemnité à payer à l'Allemagne s'élève à cinq milliards ;

Les frais effectués depuis le commencement de la guerre montent à deux milliards ;

Les dommages causés aux travaux publics et les dépenses à faire pour développer ces derniers, et accroître ainsi les revenus de l'État et ceux des particuliers si profondément atteints, exigeront un milliard.

Soit en réalité la somme énorme de huit milliards, dont six à émettre, laquelle à 5 % nécessitera un service d'intérêt de . . . .   400 millions.

En estimant à 1 % (*) l'amortissement qu'on peut commencer à partir de cinq ans, il faudra, la sixième année, se procurer une réserve de . . . .   80 millions.

Ensemble . . . .   480 millions.

Il s'agit donc de trouver immédiatement un accroissement annuel de ressources de 400 millions, et, en 1877, de 480, qui ira décroissant avec le fonctionnement de l'amortissement.

(*) Ce chiffre est indépendant de l'amortissement en plus dû à la cession de biens nationaux proposée plus loin.

Par quelles combinaisons les moins douloureuses et les plus économiques satisfaire à cette énorme rançon, triste héritage du second Empire? Tel est le problème financier que les esprits réfléchis se posent anxieusement, et que nous allons essayer de résoudre.

Du paiement et de la création de ressources.

Plusieurs modes peuvent être simultanément employés pour acquitter les dettes de l'invasion et alléger à la nation l'écrasant fardeau financier qu'elle devra, comme une croix, porter pendant de longues années.

Nous allons les passer sommairement en revue, sous les titres suivants :

Aliénation du domaine national;

Ventilation au budget de toutes les dépenses non absolument indispensables;

Emprunts;

Aggravation de certaines taxes et création de nouvelles impositions;

Reconstitution et développement, par une série de réformes économiques, des revenus et des ressources de la France.

Aliénation du domaine national.

Le domaine national se compose presque exclusivement de bois et, pour une faible part, de châteaux.

Le produit net des forêts était évalué, au budget de

1870, à 30,297,000 francs; en 1869, il figurait pour 29,920,000 francs. En s'appuyant sur un chiffre moyen de 30 millions, et en estimant à trois pour cent le revenu, le domaine de l'Etat, en bois, représenterait une valeur nominale d'un milliard.

Mais il est de toute évidence que la vente des forêts ne procurerait pas une semblable somme. Les acheteurs se baseraient sur un produit de 5 %, et à ce taux, qui équivaut à 600 millions, qui pour l'acquéreur, exploitant plus économiquement, atteindrait 6 %, la nation y bénéficierait encore.

Conserver ces biens et emprunter à 5 et 6 % quand leur rapport est de 2 $^1/_2$ à 3 %, constitueraient une perte. Un particulier qui régirait de cette façon sa fortune, s'obérerait.

En accordant, dans les pays de plaine, des facilités de défrichement, en multipliant les lots et en en répartissant sur plusieurs années le paiement, on accroîtrait le nombre et l'importance des offres. Il est vraisemblable alors qu'on vendrait sur le pied de 3 et 4 %.

Il n'est pas douteux, avec les facilités ci-dessus énoncées, que dans le nord, l'est et l'ouest de la France, où la valeur des bois est accrue par le voisinage de la mer et la proximité de nombreuses houillères qui en consomment d'énormes quantités, où la population est généralement très dense, et où la terre manque à la culture, il n'est pas douteux, disons-nous, que les ventes atteindraient des prix élevés, surtout avec la concurrence des capitaux étrangers.

D'autres avantages en découleraient :

Par un défrichement calculé, on augmenterait le nombre de possesseurs du sol, bienfait social qui aurait pour conséquence d'accroître la production agricole [1]. L'impôt, plus élevé sur les terres cultivées que sur celles couvertes de bois, progresserait.

A tous les points de vue, il y a donc, dans les circonstances actuelles, profit à aliéner le domaine forestier, et bénéfice également important à en appliquer, comme nous le proposons plus loin, les ressources à l'amortissement des emprunts à contracter, dont le taux d'émission pourrait être ainsi majoré ou l'intérêt abaissé.

Il y aurait encore avantage à vendre les châteaux et bâtiments faisant partie ou non des forêts domaniales. La plupart ont toujours été une cause improductive de dépenses. Leur aliénation viendrait grossir les ressources financières.

Dans plusieurs localités, l'Etat est propriétaire de palais et bâtiments qu'il serait productif de vendre [2]. A Paris, notamment, il possède le Luxembourg, le Palais-Royal et l'Elysée ; il serait avantageux d'aliéner ces propriétés ainsi que les bâtiments occupés par les ministères des finances, de la marine, des travaux publics, du commerce, de l'instruction publique, de l'intérieur et de la guerre. Les six premières de ces administrations pourraient être concentrées aux Tuileries ; le service y gagnerait. Le département de la guerre trouverait sa place naturelle aux Invalides, dont le personnel serait ou pourvu d'une pension, ou transféré à Versailles, Compiègne ou Fontainebleau.

[1] L'Etat possède 1,152,767 hectares dont il faut déduire 150,000 hectares environ compris dans le territoire enlevé par l'Allemagne. (*Annuaire des eaux et forêts*, page 8.) — 1870.

[2] On pourrait assurer la conservation de ces édifices historiques en les cédant aux communes ou aux départements, lesquels en tireraient profit soit en les utilisant pour leurs services publics, soit en levant une contribution sur les visiteurs.

La vente des terrains militaires d'une partie de nos places fortes, des joyaux et de l'argenterie de la couronne, ferait encore rentrer dans les caisses de l'Etat 15 à 20 millions.

Les sommes à récupérer de ces diverses cessions (forêts, châteaux, terrains militaires, etc.) varieraient de 6 à 700 millions.

Ventilation du budget.

La suppression de la liste civile procurerait un premier allègement de 24 millions. D'autres dégrèvements pourraient être réalisés. Nous les citons :

Suppression de 88 conseils de préfecture, à 10,000 fr. en moyenne. . .	880,000
— de 200 sous-préfectures, à 10,000 fr.	2,000,000
— de 88 recettes générales, à 25,000 fr.	2,200,000
— de 2,000 perceptions environ, à 3,000 fr.	6,000,000
— des sous-directions de contributions, environ	300,000
— de 200 ingénieurs des ponts-et-chaussées, à 4,000 fr.	852,000
— de 200 inspecteurs d'écoles primaires, à 3,000 fr.	600,000
— de 284 entrepôts et entrepositaires de tabacs, à 3,000 fr. en moyenne.	852,000
— de 100 tribunaux d'arrondissement, à 10,000 fr.	1,000,000
— de 80 ingénieurs des mines, à 3,000 fr.	240,000

Abaissement du traitement de 88 préfets de
    10,000 fr. en moyenne. . . .   880,000
Suppression du personnel des eaux et forêts. 11,000,000
   — du conseil privé.   500,000
   — des agents consulaires, et réduction
      des traitements des ambassa-
      deurs. 3,000,000
   — des subventions aux beaux-arts et
      théâtres 2,000,000
   — des haras. 3,800,000
   — des commissaires spéciaux et réduc-
      tion du contrôle des chemins de
      fer, environ. 1,000,000
Abaissement à 30,000 fr. de tous les traite-
    ments supérieurs à cette somme. 1,000,000
Réduction sur le budget de la guerre. . 50,000,000
   —   —   de la marine. . 60,000,000

                Total   frs : 148,104,000

    Les attributions des conseils de préfecture peuvent parfaitement être conférées aux tribunaux ordinaires et aux justices de paix. Pour certains besoins de service les préfets auraient toujours sous la main les membres de la commission permanente du Conseil général qui, à l'exemple de la Belgique, sera instituée sans doute.

    Les chefs-lieux d'arrondissement sont aujourd'hui, pour la presque totalité, en communication ferrée avec le chef-lieu de département ; il n'y a donc aucun inconvénient à abolir les sous-préfectures. Le travail administratif fait directement y gagnerait en célérité. L'Etat bénéficierait par cette mesure de plusieurs millions. Les bâtiments d'environ deux cents sous-préfectures sont la propriété des départements qui réaliseraient de leur vente, sur une moyenne de 30,000 fr., une somme de six millions.

Les recettes particulières des finances pourraient parfaitement remplir la besogne des 2 à 3,000 perceptions existantes, en se servant de l'intermédiaire des bureaux de poste, des facteurs ruraux, des maires et des gardes-champêtres. Chaque recette adresserait directement ses fonds au ministère des finances, ou les verserait à une succursale de la Banque de France. Les recettes générales seraient abolies. Il résulterait de cette simplification une économie de plus de huit millions.

Il y aurait possibilité, avec la combinaison précédente, de supprimer les sous-directeurs des contributions. Les inspecteurs actuels suffiraient.

La conservation des hypothèques serait jointe, là où il y a un bureau de l'enregistrement, à cette dernière branche, qui n'aurait plus à s'occuper du service des domaines. Le service des hypothèques serait ainsi fractionné.

La présence d'un ou plusieurs ingénieurs des ponts-et-chaussées dans chaque arrondissement, ne constitue pas non plus une nécessité. L'administration centrale du chef-lieu départemental est suffisante, les conducteurs et les agents-voyers servant d'intermédiaires.

Le service des ponts-et-chaussées serait facilité et simplifié, en adoptant le système usité depuis trente à quarante ans en Belgique et qui consiste à soumettre à l'adjudication, la construction et l'entretien des routes d'une commune, d'un canton ou d'un arrondissement. On se baserait au début sur le coût actuel et celui-ci, par le nouveau mode, baisserait rapidement.

Le personnel de l'administration des mines est également passible, sans aucun inconvénient, d'une large réduction. En Angleterre, où la production minérale est dix fois plus considérable qu'en France, il n'existe que quelques inspecteurs des mines.

Avec les chemins de fer, le nombre des tribunaux peut être réduit, et un seul tribunal suffirait pour plusieurs arrondissements[1]. Rien n'empêcherait, pour faciliter leur tâche [2], d'y substituer en matière correctionnelle un jury cantonal nommé à l'élection comme les tribunaux de commerce, et que présiderait le juge-de-paix. Un avocat remplirait comme aux États-Unis l'office de ministère public. Ce mode accélérerait les jugements. L'extension des tribunaux de commerce permettrait aussi de diminuer le travail et le nombre des tribunaux civils.

Les inspecteurs des écoles primaires dans chaque arrondissement n'ont été généralement, sous le régime déchu, que des agents politiques. Leurs fonctions seraient remplies par le Comité cantonal des délégués qui correspondrait avec l'inspecteur départemental.

L'envoi direct de chaque manufacture de tabacs des approvisionnements nécessaires aux bureaux de régie, permettrait l'abolition des entrepôts dans chaque arrondissement.

Le traitement des préfets qui, selon la classe, varie de 20 à 40,000 francs, peut être abaissé en moyenne de 10,000 francs. Il serait même possible de le supprimer en totalité ou en partie, en remettant à

---

[1] Il existait, en 1867, 370 tribunaux.
[2] Le chiffre des jugements correctionnels s'est élevé, en 1868, à 159,159.

chaque conseil général le soin de rétribuer, comme il l'entendrait, le préfet ou l'administrateur du département.

La vente du domaine national amènerait la disponibilité du personnel affecté à ce service.

Avec et même sans la nécessité de réaliser des économies, il est logique de supprimer les subventions accordées aux beaux-arts et aux théâtres. Il y a à satisfaire à des dépenses plus urgentes. Aux amateurs de payer un peu plus cher et de ne pas puiser sous une forme déguisée dans les caisses publiques.

Les haras coûtent cher, et les services qu'ils rendent sont douteux. Qu'on laisse cette besogne comme en Angleterre à l'industrie privée qui, en France, lutte difficilement contre l'État. La vente des haras procurerait au Trésor plusieurs millions.

Nos ambassadeurs peuvent être de simples chargés d'affaires et il y aurait possibilité d'en supprimer plusieurs. Nos consulats, dont la plupart n'ont jamais rendu que de médiocres services, peuvent être gérés par d'honorables négociants qui feront mieux, et, pour le titre, seront heureux de remplir gratuitement ces fonctions.

Abaisser à un maximum de 30,000 francs les hauts traitements si exagérés sous l'Empire, défendre ou délimiter les cumuls, sont des mesures qui procureraient au Trésor plusieurs centaines de mille francs.

Le personnel du contrôle des chemins de fer, contrôle fort peu efficace, peut être supprimé ou largement réduit. Il en est de même des commissaires spéciaux qui n'ont plus raison d'être avec l'abolition des passeports.

Telles sont les réformes qui nous paraissent devoir

être introduites au budget. On obtiendrait de ces divers chefs une économie de 37 millions.

Sans doute, il n'y aura au début que réduction partielle de cette somme, car il faudra pourvoir ou dédommager le personnel existant. On pourrait à ce sujet décider que pendant les cinq ans qui suivront la suppression de certains emplois, les fonctionnaires mis en disponibilité toucheraient, les trois premières années, moitié de leurs émoluments, et les deux autres un tiers et un quart, à charge pour eux de se replacer en dehors de l'administration. Durant les trois premières années, ils resteraient, pour les cas de vacance, à la disposition de l'État.

Il en est même un certain nombre qu'il serait possible de recaser immédiatement. Ainsi, il va falloir rétablir le Conseil d'Etat et l'on trouverait à le reconstituer en puisant dans le personnel des conseils de préfecture et sous-préfectures.

Le budget de la guerre était évalué en 1870 à 373 millions de francs, dont 297 millions étaient affectés à la solde et à l'entretien des troupes. Cette somme pourrait être réduite à 200 millions en ne rappelant provisoirement que 200,000 hommes de troupes régulières, et en consacrant 123 millions à la reconstitution de notre matériel, à la création de camps régionaux, où, une fois l'an, viendrait successivement, pendant un à deux mois, se former et s'exercer la réserve du pays. Celle-ci constituerait en temps ordinaire l'élite de la garde nationale.

Le budget de la Confédération de l'Allemagne du Nord s'élevait en 1870, à 250 millions pour un effectif de 316,000 officiers, sous-officiers et soldats, non compris la landwehr; 200 millions suffiraient donc et au delà pour 200,000 hommes.

Notre budget de la marine était en 1870, de 162 millions; il serait indispensable de le réduire pendant un délai assez long à 102 millions. Notre objectif doit être avant tout continental, et nous n'avons rien à redouter sous le rapport maritime.

Ainsi, par des économies sur notre administration, sur nos forces de terre et de mer nous arriverions à obtenir une réduction d'environ 150 millions, représentant à 5 % un capital de trois milliards.

Les emprunts.

Ni l'aliénation du domaine national, ni les économies à réaliser sur le budget ne procureraient cependant à la Nation les moyens de payer l'énorme dette de huit milliards, d'en servir les intérêts et de procéder à un indispensable amortissement. Il faudra donc, d'une part, emprunter pour solder l'indemnité, emprunter encore pour réparer les ruines intérieures que six mois d'invasion ont causées à notre malheureux pays; d'autre part, accroître les taxes actuelles et créer de nouvelles impositions de guerre pour faire face au service de ces dettes et de celles contractées depuis la déclaration de guerre. Notons encore la nécessité de ne pas, pendant plusieurs années, exiger d'impôts des 25 départements envahis, sans parler de la partie cédée, qui formait la région la plus productive de la France et qui participait pour près d'un quart dans le revenu de l'Etat.

La situation sera donc grave, et le patriotisme,

l'union et les lumières de tous seront indispensables pour tirer la Nation de cet abîme de douleurs, de honte et de charges où l'empire et ses conseillers trop complaisants l'ont si aveuglément précipitée.

Tenter d'émettre en un seul emprunt cinq, six ou huit milliards, pourrait, dans les conditions actuelles d'appauvrissement de la France et de malaise des pays voisins, aboutir à un insuccès qui serait funeste à notre crédit et à notre avenir. Déjà, dans une situation normale, il serait impossible d'obtenir une somme aussi énorme. Mieux vaut opérer par série d'emprunts; dans l'intervalle, la Nation reprendra haleine, acquerra plus de stabilité, réorganisera son travail et reconstituera ses ressources. La réussite d'un premier emprunt aura pour conséquence de pouvoir placer à meilleur marché les suivants. D'une émission à l'autre, de nombreux capitaux retomberont dans la circulation et redeviendront disponibles. Il ne faut pas en outre, par une aspiration trop considérable, pomper tout le numéraire et priver le pays d'éléments indispensables à la reprise du travail.

Le mode le plus économique d'émission et qui présente le plus de certitude de succès nous paraît devoir être celui adopté par la ville de Paris : émettre de la rente avec appoint de lots.

Ainsi l'Etat pourrait créer un premier emprunt d'un milliard à 4, 40 % plus 0, 50 % de lots, ce qui représenterait un service annuel :

1° D'intérêt à	4,40 %	44 millions.
2° De lots à	0,50 %	5 id.
Ensemble	4,90 %	49 id.

Il serait avantageux et sous le rapport financier et

au point de vue social, de mettre l'emprunt à la portée de toutes les bourses en créant des coupures de fr. 25, rapportant fr. 1,10 soit 4,40 % et ayant droit chacune à plusieurs tirages annuels. Ceux-ci seraient représentés en totalité par les lots suivants :

10 lots de	100,000 francs	fr.	1,000,000
20 id. de	40,000 id.		800,000
40 id. de	10,000 id.		400,000
100 id. de	5,000 id.		500,000
1000 id. de	1,000 id.		1,000,000
1000 id. de	500 id.		500,000
8000 id. de	100 id.		800,000
	Ensemble	fr.	5,000,000

On comprend combien une semblable combinaison offrirait d'attrait et provoquerait de souscriptions. L'empressement mis à couvrir les emprunts moins rémunérateurs de la ville de Paris atteste que les capitaux ne feraient pas défaut. Sur le prix actuel de la rente 3 %, dont le revenu, à 55 francs, est de 5.45 %, et sur l'emprunt dit Morgan qui coûte, avec le remboursement, environ 6.50 %, l'Etat bénéficierait comparativement de 0.55 % et 1.60 %. C'est-à-dire que sur un milliard il y aurait, dans le premier cas, économie de fr. 5,500,000, et dans le second cas, de fr. 16,000,000 à servir en moins annuellement.

Durant la guerre, le département du Nord a émis un emprunt de 15 millions à fr. 80 rapportant 3 francs, soit 3.75 %, non compris les lots. Il est certain que les emprunts qui suivraient la première émission d'un milliard trouveraient placement à 4 % et peut-être à moins, plus $1/2$ % pour les lots.

La combinaison que nous signalons serait donc, dans le présent et dans l'avenir, celle qui présenterait le plus d'avantages et de certitude de souscription pour l'Etat.

Le produit de la vente des biens nationaux serait affecté à l'amortissement de la nouvelle dette. Les rachats successifs qui en proviendraient maintiendraient et feraient progresser les cours.

On pourrait encore les renforcer en obligeant les établissements hospitaliers et les communes à vendre leurs biens-fonds dans un délai de dix ans, et à en affecter le produit à l'acquisition de rentes. Cette puissante et permanente raréfaction des titres de rente présenterait encore l'avantage de multiplier les souscriptions et de faire aboutir les emprunts.

Les biens-fonds des hospices et des hôpitaux rapportent $2\ 1/2$ à $3\ ^0/_0$; les biens communaux, $2\ ^0/_0$ au plus. Les uns et les autres sont l'objet d'abus.

En 1864, le produit des loyers et fermages des établissements hospitaliers était de 14,970,894 francs. En l'estimant à $3\ ^0/_0$ et en supposant un placement en rentes de $5\ ^0/_0$, on obtiendrait une plus-value de 8,980,582 fr., représentant à $5\ ^0/_0$ un capital de 179,611,600 francs, c'est-à-dire que le revenu actuel de 14,970,874 francs serait porté à 23,951,456.

Cette opération serait d'un grand allégement pour les classes pauvres dont les derniers événements ont dû si largement augmenter et le chiffre et les souffrances. Les ressources hospitalières seraient de la sorte accrues de $58\ ^0/_0$.

Les communes possèdent de vastes terrains, bois et marais qui sont fréquemment, nous venons de le dire, la source d'abus. Ils ne rapportent que 1 à $2\ ^0/_0$, et leur vente, en faisant cesser un état de choses déplorable, procurerait les avantages suivants : large accroissement des revenus des localités propriétaires, qui recueilleraient près de 5 %; mise en culture ou amélioration par l'initiative privée desdites propriétés généralement négligées; augmentation du nombre de possesseurs du sol et du rendement de l'impôt.

Les communes utiliseraient soit en achats de rentes, soit en création de chemins, etc., les ressources que leur produirait cette vente, à laquelle les capitalistes locaux ne feraient pas défaut.

En Belgique, la plupart des biens communaux ont été aliénés.

Nous pourrions citer telle commune en France possédant 5 à 600,000 francs de bonnes terres ne rapportant que 1,000 francs.

Nous ignorons la valeur des biens communaux qu'aucune statistique ne relève [1], mais leur transformation, ainsi que celle des biens fonciers des établissements hospitaliers en rentes sur l'Etat, procurerait et aux hospices et hôpitaux et aux localités propriétaires une plus-value considérable en revenus, tout en fortifiant et renforçant le crédit de la Nation, tout en faisant surgir encore, comme pour les biens nationaux, de nouveaux éléments de travail, de bien-être et par suite déterminant l'accroissement des impôts.

Pour le mode d'emprunt, rien n'empêche le Gouvernement de suivre l'exemple des Etats-Unis, c'est-à-dire

---

[1] Les forêts des communes et des établissements hospitaliers comprenaient, en 1870, une superficie de 2,134,050 hectares, dont il faut déduire environ 250,000 sur les territoires pris par l'Allemagne. (*Annuaire des eaux et forêts*, 1870, p. 8.)

d'émettre des titres ou bons de guerre, amortissables à partir de la cinquième année, en quarante ou cinquante ans.

Aggravation de certaines taxes et création de nouvelles impositions.

L'intérêt à 5 % d'un total de huit milliards exige la première année une somme de 400 millions. Cette somme devra être augmentée de 80 millions à partir de la sixième année, en évaluant l'amortissement à 1 %. à dater de la septième année, il y aura décroissance d'intérêt, et la différence pourra être appliquée, soit à dégrever les charges publiques, soit à amortir plus rapidement, soit à d'autres emplois.

Les économies que nous avons signalées ne représenteront qu'une portion du déficit qu'introduira dans le budget pendant plusieurs années l'exemption forcée ou volontaire de tout ou partie des impôts, des départements envahis. Il faudra donc aggraver certaines taxes existantes et en créer de nouvelles.

La première combinaison qui frappe est celle d'une imposition progressive sur le revenu. D'après une note émanée de l'administration des contributions, et citée par M. de Parieu, dans ses *Études sur l'impôt* (*) il résulte que le revenu territorial de la France s'élevait en 1851, à 2 milliards 45 millions, et s'était accru en trente ans de 1 milliard 65 millions, ou de 67 %. Sur cette base, il a dû augmenter dans ces vingt dernières années de 1187 millions et plus, grâce

---

(*) *Journal des Economistes*, Mars 1859.

à l'impulsion donnée aux chemins de fer, c'est-à-dire atteindre environ trois milliards 826 millions. Au revenu territorial il faut ajouter : 1° Le revenu manufacturier qu'on peut estimer à 700 millions, malgré les ruines causées par les traités de commerce et les pertes considérables dues à l'invasion qui a surtout pesé sur le travail industriel ; 2° les revenus provenant des fonds publics appartenant à des particuliers, et qu'on peut évaluer à 600 millions. En totalité, on arrive à un chiffre de plus de cinq milliards, représentant, pour dix millions de familles, une moyenne de 500 francs.

Les derniers événements ont singulièrement ébréché ce revenu, et il y a lieu, tant à ce point de vue, que sous le rapport des déclarations qui seront moins élevées au début que le produit réel, de ne compter que sur deux milliards, exception faite des départements envahis ou cédés. Sur cette base, on pourrait frapper un droit de 10 %, moyenne qui équivaudrait à une recette de 200 millions. Celle-ci ne fera que se développer avec la cicatrisation des maux de la guerre. L'impôt serait progressif ; il subirait des variations suivant l'importance des revenus.

A cette taxe, la plus équitable, on pourrait provisoirement ajouter la hausse des droits sur les successions collatérales et indirectes, les alcools, les sucres, et l'élévement du prix des tabacs. Il serait aussi logique de créer des taxes sur les domestiques, les voitures de luxe, les armoiries, les bijoux, les maisons de plaisance, parcs, jardins d'agrément, serres, maisons avec porte cochère, et d'établir comme aux Etats-Unis, un impôt sur les pianos. Enfin, il serait juste de tripler l'abonnement sur les valeurs étrangères côtées en France. En somme, on retirerait de ces divers affluents environ 60 millions.

Il est, en outre, une branche susceptible de devenir une source féconde : c'est l'impôt douanier. Nous croyons devoir consacrer à cette question importante, et qu'il y a lieu d'envisager sous divers aspects, un chapitre spécial.

De l'augmentation de l'impôt douanier.

L'impôt douanier doit de toute logique suivre les oscillations de l'impôt intérieur. Si l'on augmentait les charges du travail national sans toucher aux taxes douanières, il arriverait que nos industries écrasées sous le fardeau fiscal, si profondément atteintes déjà par les abaissements exagérés réalisés depuis 1860 à la frontière, et les derniers événements, iraient en s'étiolant et succomberaient. Leur chute ou leur chômage laisserait en proie à la misère et à ses mauvaises suggestions de nombreux ouvriers.

Et qu'on le remarque bien : l'arrêt des usines c'est l'appauvrissement des revenus publics ; c'est à des embarras intérieurs, un nouveau déficit ajouté au déficit que causera dans les recettes le non-rendement des pays envahis et cédés.

Les États-Unis, après la guerre de sécession, nous ont donné un enseignement fructueux ; les droits qui en 1860 s'élevaient à 30 %, ont été portés en moyenne à 70 %[1]. Ils atteignent en réalité 100 % avec

---

[1] D'après un travail fait sur les résultats de 1867, on a trouvé que sur les

le transport d'Europe aux ports américains et la différence de change. Quelques chiffres d'ailleurs montrent combien il reste à faire en France dans cette voie. Les tableaux qui suivent prouvent qu'il y a lieu de beaucoup rabattre sur le prétendu esprit libéral du gouvernement anglais en matière de douanes. En somme, l'Angleterre trouve juste de faire supporter aux produits venant de l'étranger une partie des charges publiques. Elle se dit que si 541 millions sont perçus à la frontière, c'est 541 millions en moins à demander à l'impôt intérieur ; 541 millions laissés dans la poche des contribuables anglais, et qui restent à la libre disposition de ces derniers. Chacun peut, ainsi, suivant ses goûts ou ses besoins, acheter de la viande ou de la dentelle.

5,000 articles environ portés au tarif, les treize ci-après ont fourni à eux seuls les 3/4 du produit des douanes :

MARCHANDISES	Valeur en dollars	Montant des droits perçus en dollars	Rapport des droits à la valeur des marchandises
Sucre.	46,546,000	31,998,000	68 7 0/0
Manufacture laine	43,382,000	23,300,000	53 4 0/0
Fers et aciers . .	24,410,000	11,190,000	48 7 0/0
Soieries.	18,491,000	10,850,000	58 7 0/0
Manufacture coton	22,465,000	9,335,000	45 5 0/0
Thé	10,534,000	8,292,000	78 6 0/0
Café	17,764,000	7,983,000	44 9 0/0
Manufacture lin .	18,460,000	6,722,000	36 4 0/0
Vins et esprits . .	5,202,000	6,684,000	128 5 0/0
Fruits.	5,511,000	2,812,000	51 0 0/0
Tabacs et cigares	1,609,000	2,081,000	129 4 0/0
Verreries	3,869,000	1,919,000	49 5 0/0
Épices	892,000	1,542,000	172 8 0/0

PAYS	Recettes des douanes —1870— francs	POPULATION	Droits d'entrée par habitant francs
Etats-Unis	962,000,000 (1)(2)	38,400,000 (1) 2	25 05
Angleterre	541,250,000 (3)(5)	27,070,000 (3)	18 06
France	121,733,000 (4)	38,067,000 (4)	3 19

PAYS	BUDGET francs	Recettes des douanes francs	Rapport de la recette douanière à la dépense totale.
Etats-Unis	2,043,600,000	962,000,000 (1)	47 0/0
Angleterre	1,786,250,000	541,250,000 (2)	30 0/0
France	1,775,729,000	121,733,000 (3)	6 0/0

Ainsi, pour atteindre proportionnellement l'Angleterre et les États-Unis, nos recettes douanières devraient être accrues de 41 et 24 %.

Mais s'il y a équité autant que nécessité à élever actuellement l'impôt douanier, il nous paraît indispensable de ne l'augmenter qu'en ce qui concerne les produits ouvrés, afin de ne pas porter atteinte à nos exportations. Nous croyons que pour les matières premières, telles que les houilles, les textiles, etc., la législation douanière existante peut et doit être conservée. Si cependant on les frappait, il nous paraît de toute urgence, pour

---

1 Le dollar étant compté pour f. 5,20.
2 *Annuaire de l'Économie politique* 1870, pages 304 et 305.
3   id.   1870, » 310 et 311.
4   id.   1870, » 2 et 17.
5 La livre sterling étant estimée à f. 25.
1 *Annuaire de l'Économie politique.* — 1870, pages 304 et 305.
2   1870,   310 et 311
3   »   »   1870,   2 et 17

ne pas restreindre et peut-être supprimer nos débouchés extérieurs, de restituer aux produits exportés l'équivalent fiscal, que les matières premières indispensables à leur fabrication auraient à l'entrée acquitté [1].

Sans prétendre, en matière de douanes, aux recettes de l'Angleterre et des États-Unis, nous croyons qu'il serait possible de faire rendre à l'impôt douanier une somme au moins double de la perception actuelle. Cette élévation, qui n'équivaudrait encore qu'à frs: 6,38 par tête permettrait toujours d'alléger le fardeau fiscal intérieur.

Rétablissement et développement, par une série de réformes économiques à l'intérieur, des ressources de la France.

La cause principale des souffrances du travail national, depuis l'abaissement des droits d'entrée, est due à la différence de nos conditions économiques d'avec celles de l'étranger. De là un prix de revient général plus cher, et par suite un taux de vente plus élevé. Producteurs et consommateurs souffrent de cette position inégale qui, avec l'aggravation des charges fiscales et les pertes résultant de l'invasion, peut nous conduire à une catastrophe et tarir la source des revenus publics et des salaires, si, par une série de réformes à l'intérieur, on ne transforme rapidement cette dangereuse situation.

L'Angleterre, les Etats-Unis et la Belgique ne subissent aucun octroi, et la liberté d'émission des billets de banque, qui va devenir une nécessité en France,

---

[1] On pourrait pour les houilles supprimer l'illogique redevance sur les mines et abaisser ainsi le coût du combustible.

avec la disparition d'une partie de notre numéraire existe sous certaines conditions dans ces deux derniers pays. De plus, ces nations, qui ne sont pas en proie au monopole des grandes compagnies de voies ferrées, sont dotées d'un outillage de canaux et de routes bien supérieur à celui que nous possédons en France. L'Empire qui a gaspillé en frivolités tant de millions, nous a, sous ce rapport, laissé dans une situation inférieure. Le travail national a été sacrifié à l'intérieur à des compagnies financières privilégiées; à l'extérieur, il a été livré sans aucune préparation préalable et sous forme de traités de commerce préjudiciables, à des puissances rivales dont le régime déchu dans un but dynastique, recherchait un appui qu'il n'a trouvé nulle part aux jours de deuil et de désastres.

Chargé en 1870, par la Commission permanente lilloise du travail de formuler à la *Commission d'enquête parlementaire sur le régime économique* un programme de réformes, (1) nous réclamions dans un chapitre intitulé : « *L'abolition des monopoles de la Banque de France et des grandes compagnies de chemins de fer* » la suppression de ces priviléges. Nous disions :

« Considérant que tout monopole est contraire aux principes démocratiques et égalitaires ; que les monopoles, ainsi que nous le démontrons ci-après, suppriment la concurrence et l'émulation, arrêtent le progrès industriel et le développement commercial, qu'ils sont par conséquent, nuisibles à l'intérêt général ;

---

1 *Rapport de la Commission permanente lilloise du travail* par MM. Stiévenart et H. Verly.

» Considérant que, des différents monopoles subsistant de nos jours, ceux qui ont l'action la plus directe et la plus puissante sur le commerce et l'industrie sont les compagnies de chemins de fer et la Banque de France ;

» Considérant que la présence d'agents administratifs au service des compagnies du chemin de fer donne lieu à de graves abus ;

» La commission réclame :

» 1º La création de banques régionales auxquelles on étendrait pendant une période maximum de vingt années un privilége d'émission identique à celui de la Banque de France, celle-ci continuerait à fonctionner et recevrait une indemnité pour chaque cession partielle de son privilége.

» 2º L'attribution des rail-ways à créer à de nouvelles compagnies, de préférence aux six grands monopoles actuels [1].

» 3º La liberté de l'industrie des chemins de fer [2] avec droit d'application de la loi sur les expropriations, pour cause d'utilité publique, pour toute voie à créer. Le tracé définitif de celle-ci serait arrêté par une commission d'enquête ;

» Ou :

» L'attribution exclusive à chaque conseil général de la concession des lignes ne dépassant pas les limites d'un département, et, à chaque conseil régional, des voies de transport dont nous proposons, dans la seconde

---

[1] Compagnies du Nord, de l'Est, de l'Ouest, d'Orléans, de Lyon et du Midi.

[2] En Angleterre, il existe près de 400 compagnies de voies ferrées. En Belgique 54, non compris le réseau de l'Etat. Ces 51 compagnies se meuvent sur un territoire moins grand que le Nord, le Pas-de-Calais, la Somme, l'Aisne et les Ardennes.

partie, l'institution, pour la concession des lignes qui desserviraient plusieurs départements ;

» 4° L'interdiction rigoureusement imposée aux ingénieurs du gouvernement d'entrer au service d'une compagnie de chemin de fer. »

—

OBSERVATIONS.

« Ces mesures sont commandées par l'équité et l'intérêt général. En principe, il n'est pas admissible, surtout dans un pays qui se dit démocratique et sous un gouvernement qui aspire à prendre pour règle de conduite l'amélioration du sort du plus grand nombre, que le travail soit divisé en deux castes, l'une, et ce sont les neuf-dixièmes de la nation, soumise à toutes les alternatives, à tous les soucis d'une lutte à outrance; l'autre, vivant sous le régime du privilége, à l'abri de toute émulation sérieuse qui, seule, engendre le développement et la modération dans les prix. Nous demandons que ces distinctions, qui divisent la France du travail en deux parties, aristocratie et servage, soient abolies ; que ces corporations établies sous de nouvelles dénominations, ces fermes générales, qui détiennent notamment les deux bases immenses du crédit et des instruments de circulation, disparaissent et rentrent dans le droit commun. Pas plus en matière de travail qu'en politique, l'ilotisme ne doit être la règle d'un pays, d'un gouvernement.

« Il est à considérer que le monopole se traduit toujours par un tribut perçu au détriment de la nation. Il constitue une atteinte à la liberté et à l'égalité du travail, une cause de production à plus haut prix et d'arrêt qui entrave, retarde les autres branches et les met dans l'impossibilité de fabriquer à aussi bon marché que dans les pays concurrents plus habiles. N'en voyons-nous pas l'exemple dans le monopole de la Banque de France et celui de grands réseaux de voies ferrées donnés à quelques puissantes compagnies qui se partagent notre territoire ? Sur 38,000 villes et communes que renferme la France, la Banque de France ne compte encore, après un demi siècle de fonctionnement qu'environ soixante-dix succursales ! Le monopole des chemins de fer, par l'établissement de six grandes compagnies définies par l'opinion publique, « les six grands commandements industriels », a placé la France, comparativement à la Belgique et à l'Angleterre, dans des conditions déplorables d'insuffisance, de cherté de prix et de dépendance, qui rendent toute lutte impossible. Cette situation cause au Trésor un préjudice considérable. C'est à cette monopolisation que nous devons ces fameux tarifs différentiels créés au profit de l'étranger et qu'on a justement qualifiés de « protection à rebours. » C'est à elle que nous sommes redevables, par la différence élevée des tarifs, du détournement, par la Belgique et l'Allemagne, des marchandises venant des centres maritimes anglais, à destination de l'Alsace et de la Suisse. Cette déviation va s'étendre au détriment de nos ports, aux produits arrivant du canal de Suez et de l'Italie, sur l'Angleterre, bien que géographiquement la route la plus courte de ce trafic soit par la France.

— 32 —

» A tous les points de vue, il y a donc équité, nécessité à ne pas laisser plus longtemps livrés sans contre-poids, aux agissements despotiques de quelques puissantes associations privilégiées, les intérêts de trente-huit millions d'habitants.

« Si nous prenons comme terme de comparaison la Belgique, dont une ligne idéale nous sépare et qui longe nos frontières du nord et de l'est depuis Dunkerque jusqu'à Thionville, on pourra apprécier les résultats obtenus chez nos voisins par l'absence de compagnies privilégiées.

Longueur concédée		Superficie	Population	Longueur par	
				myriamèt. carré	1,000,000 d'habitants
	kilom.	kilom. carrés		kilomèt.	kilomèt.
Belgique	4,671 (1)	29,435,39	4,839,099	15. 85	965
France	23,134 (2)	543,050,41	38,068,064	4. 07	581
			Différences.	11. 78	384

« Ainsi, pour atteindre la Belgique, notre réseau, relativement à la population, devrait être augmenté de 14,592 kilomètres, et de 63,971 comparativement à la superficie ! On peut apprécier combien d'éléments de production à meilleur marché, de relations plus économiques et de richesses seraient obtenus si ces lacunes venaient à être comblées.

« Quant aux prix de transport, l'écart est énorme et se trouve encore aggravé par les détours que l'insuffi-

---

1 *Annuaire des chemins de fer belges*, p. 252.
2 *Annuaire de l'économie politique*, p. 195.

sance de notre réseau ferré fait faire aux marchandises. Nous ferons observer que le gouvernement belge ne s'est pas borné au début à construire lui-même un réseau qu'il exploite ; mais une fois l'impulsion donnée, il a permis à des compagnies privées de créer même des lignes parallèles à ses propres chemins, de sillonner le pays de voies ferrées, pour l'établissement de quelques-unes desquelles il a accordé des garanties.

« Enfin en 1866, ne voyant que l'intérêt général, le gouvernement belge a, sur son réseau, abaissé d'environ 50 % les tarifs de transport, malgré les clameurs des compagnies en possession des autres artères, obligeant ainsi ces sociétés à réduire leurs tarifs déjà fort bas. En France, on a fait jusqu'ici le contraire. L'intérêt général a été constamment sacrifié à quelques grandes compagnies ayant à leur tête de hautes et beaucoup trop influentes puissances financières. Ce n'est qu'au prix de grosses subventions que le gouvernement parvient à décider ces monopoles à établir de nouvelles voies. Or, on a pu apprécier combien il restait à faire actuellement [1].

« C'est pour ces divers motifs que nous réclamons instamment les réformes relatées précédemment.

« Ces réformes seraient loin d'être défavorables aux présents monopoles de crédit et de transport. La Banque de France bénéficierait d'opérations plus nombreuses ; les compagnies de chemins de fer verraient les nouvelles lignes déverser sur leurs réseaux et réciproque-

---

[1] Environ 3 milliards ont été donnés par l'État en France aux compagnies de chemins de fer sous forme de subventions. En Angleterre, l'État n'a rien accordé, et, grâce au principe fécond de la liberté ou d'une quasi-liberté, le réseau que possède ce pays est proportionnellement plus étendu qu'en France ! Quelle démonstration plus éclatante en faveur du droit commun appliqué à l'industrie des voies ferrées.

ment de multiples transports. Un exemple assez signi-ficatif le montre : en 1854, la compagnie du Nord, qui comptait 400,000 actions et 700 kilomètres en exploitation, donnait 46 francs par titre qui valait 800 francs En 1867, elle avait 525,000 actions, une longueur de 1,434 kilomètres dont l'augmentation était formée entièrement de lignes de raccourcissement, et elle obtenait 72 francs par titre qui avait atteint 1,200 francs.

« Quant à la faculté de créer des chemins, elle est commandée par le simple bon sens. Pas plus que pour une usine, il n'est logique d'empêcher d'établir un chemin de fer aux risques et périls du demandeur. Ce droit donné ne veut pas dire que le gouvernement ne puisse provoquer l'établissement de nouvelles voies, accorder une garantie d'intérêt ou une subvention pour assurer leur construction. Nous croyons, au contraire, que par suite de l'accaparement des monopoles actuels entre les mains de hautes puissances financières, et des capitaux énormes qu'il faudrait pour compléter le réseau, il y a plus que jamais et pour un certain temps encore, nécessité d'adopter l'un ou l'autre de ces modes. Le premier nous paraît préférable pour le nord de la France et plus économique pour le Trésor et les départements, en présence du rapport élevé que procurent les voies ferrées dans nos contrées.»

Nous ajoutions plus loin :

« La question si considérable des voies de transport, au sujet de laquelle l'opinion publique réclame des réformes radicales, a été jusqu'ici mal comprise et défavorablement résolue. L'intérêt général a été fréquemment sacrifié ou négligé. Nous avons prouvé à propos des chemins de fer qu'il était urgent de mettre un terme à une infériorité extrêmement préjudiciable, à une monopolisation illogique et impolitique de ces instruments de circulation. Il importe, nous ne saurions trop le réclamer, de décider que l'industrie des chemins de fer rentrera désormais dans le droit commun, comme toutes les autres branches, sauf à la réglementer par un cahier de charges ; et que dorénavant une concession de voie ferrée ne soit plus laissée à la merci du bon ou du mauvais vouloir de l'administration. Celle-ci, dans les conditions actuelles, joue le rôle d'une sorte de Providence : elle ouvre, quand cela lui plaît et est conforme à ses idées ou à ses préférences, le « robinet » des concessions. »

Ces demandes ont conservé toute leur force et leur opportunité. Plus que jamais en présence des événements qui viennent de se dérouler, leur réalisation est nécessaire. Si l'on veut que nos branches se relèvent, il importe que, pour les chemins de fer et la Banque de France, le droit commun soit pratiqué, sous certaines conditions de garantie faciles à formuler et à appliquer. En un mot il est indispensable, par une série d'améliorations économiques à l'intérieur, portant sur ces deux points, encore sur nos canaux, sur nos mines dont la production est entravée par l'insuffisance, la cherté des communications et les formalités administratives, de développer le travail national, et, avec lui, les revenus publics, dont la progression est de toute urgence pour faire face à nos charges financières. Il y a nécessité pressante, car en présence de l'avenir sombre qui nous menace, les capitaux effrayés abandonneront définitivement les voies du travail en France et émigreront, s'ils ne trouvent dans ces dernières rémunération et sécurité.

Un exemple montre ce qu'on peut, par des réformes habiles, attendre de la progression des recettes du Trésor. Le ministre des travaux publics déclarait le 5 février 1870 au Corps législatif que l'État retirait des voies ferrées, sous diverses formes, plus de 110 millions de francs annuellement, soit l'intérêt à 5 % d'un capital de 2 milliards 200 millions. Le Trésor reçoit donc par kilomètre 7000 francs, et le seul impôt du 10me a procuré 32 millions ou 2000 francs par kilomètre. Nous avons prouvé combien il nous reste à faire pour arriver au niveau actuel de nos voisins les Belges, et quelle source abondante de revenus la disparition de cette infériorité procurerait et au Trésor et au travail national.

Nous nous sommes bornés à signaler les principales réformes, il en est d'autres moins importantes, et dont l'accomplissement serait cependant fructueux. Malheureusement le cadre de ce travail et le manque de données nous obligent à les négliger. Nous ferons remarquer pourtant que notre production minière pourrait être largement accrue. Ainsi par certaines mesures l'exploitation de nos houillères arriverait à remplacer les importations étrangères qui ne montent pas à moins de 132 millions de francs par an, pour le combustible minéral.

RÉSUMÉ

La suppression de la liste civile économisera	24 millions.
Le droit de 10 % sur le revenu général produira.	200 id.
L'aggravation de certaines taxes et la création de nouvelles impositions procureront	60 id.
	284 id.
L'augmentation des recettes douanières à partir de 1873, donnera la première année	50 id.
Ensemble . .	336 id.

Nous écartons les économies et sur la simplification de l'administration qui ne produiront leur effet qu'après quelques années, et sur les budgets de la marine et de la guerre. Ces sommes formeront une compensation, fort insuffisante, nous le craignons, au déficit des départements envahis ou cédés; nous n'osons pas tenir compte de l'amoindrissement des contributions dans les régions non occupées. Mais même avec 284 millions en plus, les nouvelles recettes seront impuissantes, puisqu'il faudra immédiatement, nous l'avons vu, 400 millions, et que l'impôt douanier ne commencera à rendre qu'à dater de 1873. En comprenant même ce dernier, il y aurait encore déficit d'environ 66 millions.

Il faudra donc chercher de nouvelles ressources. Où se les procurer ?

Nous ne voyons guère à quelle porte frapper encore. A moins que l'Assemblée ne se décide à transférer au compte des communes et des fidèles le service des cultes qui coûtait en 1870, 49,014,581 francs, et qu'elle mette, comme en 1789, à la disposition de la Nation les biens de main-morte.

Il est vivement regrettable qu'on ne puisse, dès 1871, compter sur un accroissement des douanes Le Gouvernement, mû par un sentiment peut-être exagéré de reconnaissance envers l'Angleterre, n'a pas dénoncé le traité de commerce. Cette mesure ne préjugeait cependant rien, et elle réservait entièrement la question. C'est une perte de temps et d'argent.

Qu'il nous soit permis à ce sujet de réagir contre cette tendance inconsidérée à la générosité qui nous caractérise, et que seule dans le monde la France a constamment appliquée à son détriment. *Charité bien ordonnée devrait cependant commencer par ses nationaux.* La riche Angleterre méritait-elle pour quelques wagons de vivres, qu'on lui sacrifiât des centaines de millions et le travail de nombreux ouvriers ? La conduite qu'elle a tenu n'a-t-elle pas été un parfait modèle d'égoïsme et d'ingratitude ? L'attitude du gouvernement britannique dans la guerre actuelle n'a-t-elle pas été celle d'un spectateur qui, voyant deux de ses amis se battre, s'entre-déchirer, laisserait froidement s'accomplir le drame, et viendrait ensuite offrir au vaincu la piteuse consolation de quelques médicaments ? Voilà le rôle qu'a joué notre ex-alliée, quand nous avons versé pour elle et avec elle en Crimée et en Chine le sang de nos compatriotes, quand nous lui avons sacrifié à l'intérieur les intérêts de nos travailleurs et de nos industriels. Il est temps de revenir à des sentiments plus pratiques, à une appréciation plus juste de notre situation.

Nous le répétons, un des côtés à envisager immédiatement et qui se lie intimement à la bonne solution du problème financier, sera celui de la restauration et du développement de nos branches de travail. Ces résultats ne seront obtenus que par la stabilité et une série de réformes économiques à l'intérieur. Un million de soldats vont rentrer dans leurs foyers, il faut qu'ils y trouvent du travail. N'oublions pas qu'à la consolidation de ces bases indispensables se rattachent le rétablissement et l'accroissement des revenus publics et particuliers.

L'aliénation du domaine national, en procurant des ressources considérables pour l'amortissement; la transformation des biens fonciers des établissements hospitaliers et des communes en rentes publiques, constituent deux opérations qui permettront d'émettre les emprunts à un taux de 5 et 10 francs plus élevé par titre; c'est-à-dire que sur 80 millions environ de titres que nécessitera l'émission de 5 milliards, il y aurait, à 5 francs d'économie par titre, 400 millions de gain, et dans le second cas de 800 millions de francs. S'il y a abaissement d'intérêt il résultera gain analogue; ainsi émettre du 3 % au cours actuel de 55 francs, coûterait à l'État 5.45 %; par l'emprunt à lots il ne paierait que 4,90 %. C'est-à-dire la différence de 0,55 % représentant sur un milliard une économie de francs 5,500,000 et sur 5 milliards francs 27,500,000 à servir en moins annuellement, ou l'intérêt à 5 °/₀ d'un capital de 550 millions.

Notre situation intérieure exercera évidemment une influence énorme sur le taux des émissions et sur l'importance des souscriptions. Tout en laissant la plus grande latitude à la liberté de la pensée, il sera de toute nécessité de maintenir par des lois énergiques l'ordre matériel. Il sera aussi prudent et habile de taire au moins momentanément toute idée de revanche, si l'on ne veut effaroucher les capitaux toujours défiants et craintifs, et empêcher une large reprise du travail. Ce sont là des conditions de tranquillité absolument nécessaires si on désire que la France sorte de la position critique où le régime impérial l'a conduite..

La situation financière a été dans tous les pays et sous tous les gouvernements la question la plus difficile à résoudre. De 1789 à 1799, elle a été la source de difficultés incessantes et d'agitations. De nos jours nous voyons l'Espagne et l'Italie en proie à un déficit et à un malaise permanents. Aussi en France jamais l'union de tous les citoyens véritablement patriotes ne fût-elle plus impérieusement commandée par les circonstances ; chacun ne doit voir que l'intérêt du pays, et faire abnégation de ses préférences politiques.

En adoptant une ligne de conduite aussi nationale, en ne nous laissant pas influencer par des intrigues dynastiques, la France finira par sortir grande, prospère et triomphante de la terrible épreuve qu'elle subit, et celle-ci sera d'autant plus abrégée que l'abnégation aura été plus générale et plus complète.

En se ralliant franchement, sincèrement au régime actuel, en faisant passer l'intérêt de la nation avant les ambitions personnelles de prétendants qui ne songent qu'à diviser le pays pour se saisir, dans le trouble, d'une royauté éphémère, et en dépit des intrigues que l'or de la Prusse essaiera de fomenter, la République des honnêtes gens sera fondée comme en Suisse et aux Etats-Unis. La croisade de l'idée républicaine et le spectacle de notre régénération nous vaudront les sympathies et l'appui des autres peuples. Si, au contraire, il existe, après tant de leçons reçues depuis soixante ans et de désastres, des citoyens encore assez aveugles, assez mal conseillés pour essayer de faire revivre le système monarchique, un déchirement intérieur se manifestera, la guerre civile nous fera descendre au niveau de l'Espagne, nous condamnera à une ruine complète et peut-être à une nouvelle occupation étrangère. Et il est trop évident qu'une royauté ne peut être établie et subsister en présence de l'hostilité ardente et logique des villes.

L'union peut donc seule nous sauver, et, comme l'a dit avec raison un illustre homme d'Etat : La République est le gouvernement qui nous divise le moins et qui peut le mieux unir tous les citoyens. Il faut que chacun se pénètre de ces vérités, les répande, et ne se laisse influencer ni abattre par la période de malaise, résultat inévitable de la tempête que nous traversons depuis huit mois.

Envisageons donc froidement l'avenir, sans nous dissimuler les dangers de la situation, et en nous disant que par une conduite sage nous atteindrons le port.

Mars 1871

TABLE DES MATIÈRES

	PAGE.
Introduction	5
Les indemnités et dépenses de guerre	7
Du paiement et de la création de ressources	8
Aliénation du Domaine national	8
Ventilation au budget de toutes les dépenses non absolument indispensables	11
Les Emprunts	17
Aggravation de certaines taxes et création de nouvelles impositions	22
De l'augmentation de l'impôt douanier	24
Rétablissement et développement par une série de réformes économiques, des revenus et des ressources de la France.	27
Résumé	37

Lille, imp. Lefebvre-Ducrocq.

BIBLIOTHEQUE NATIONALE
Désinfection 1984
N° 10169

www.ingramcontent.com/pod-product-compliance
Lightning Source LLC
Chambersburg PA
CBHW060512050426
42451CB00009B/947